Ressignifica[r]
Por Juliana M. Shimomura

E-book para minha criança interior, meu alter ego, Holly.
Autorrelato -que talvez você considere triste, bonito, tedioso, irônico, confuso, rebelde, profundo- com alguns gritos em capslock.

Escritas de uma jovem idosa com TDAH, TAG, SPA, depressão, fobia social, dor crônica e síndrome do pânico, vivendo um extenso período de luto, que se descobriu TEA após diversas perdas importantes consecutivas, e como isso têm ressignificado -nossos- dias.

Contando quem eu sou, tudo que eu senti durante tudo que vivenciei, como tudo me afetou e como venho lidando. Exponho minha vida, meus medos, meus sentimentos, minha raiva, angústia, gratidão e aprendizados. Para que você saiba que está tudo bem expor seus sentimentos e quem você é. Para que possamos dar as mãos durante esses prognósticos. Para que possamos apresentar, expor e acolher todas as nossas personalidades, os nossos lados e a nossa dualidade. Eu estendo minhas mãos para você.

Dedicatória

Aos meus filhotes peludos, Lia e Leo, que são meu motivo de levantar da cama todos os dias, que estão comigo em todos os momentos e que tem os pelos que minhas mãos amam sentir.

Aos meus pais, que me instruíram tão bem, se dedicaram, doaram e deram amor a mim durante toda a sua vida. E que continuam sendo meu motivo de terapia até hoje.

À família que me foi presenteada nesta vida, não compartilhamos o mesmo sangue, mas recebo o carinho e o cuidado, como se eu tivesse o de vocês: Eloisa Prado, Nanci e Leandra Chiba .

Á Elaine Henning, por me acolher, confortar e incentivar. Pelos atendimentos humanizados, individualizados e com o carinho que anseio pela próxima sessão.

Aos seres humanos incríveis, presentes e compreensivos: Nilson Andrade, Vinicius Prado, Emilia Pimenta, Claudia Vergueiro, Marcela Fernandes, João Farias, Luan Lucas, Bia Rodrigues, Meire Romano e Alessandra Gomes.

Aos demais amigos e parentes que têm papel importante nesta minha vida: Larissa Bonfante, Lucas, Patrícia Viana, Flávia Mince, Tayna Souza, Tâmara e Ellen. Maria Letícia, Maria Eduarda, Guilherme, Camila, Melissa, Marcela Endrigo, Sandra, Solange, Geovanna, Marcelo e Maria.

Aos profissionais que admiro: Dr. Saulo, Dr. Fernando, Maria Matilde, Leandra, Dr. Gustavo e Dr. Pedro.
Esqueci alguém? AH, A VOCÊ, MINHA QUERIDA HOLLY, QUE ME FEZ CONSCIÊNCIA NESSA VIDA. GRATI.. deixa para lá.

Direitos Autorais
Copyright © 2022 Juliana Machado Shimomura
Todos os direitos reservados.

Resumo
Na maioria dos dias, levantar da cama já é o primeiro obstáculo a se vencer. Conviver com TDAH, insônia, TAG, depressão, fobia social, síndrome do pensamento acelerado, síndrome do pânico e estar no TEA vivendo vários lutos acumulados, não tem sido fácil. Mas, tento colocar em prática tudo que venho aprendendo e, busco conhecimento mesmo sem vontade, assim como tenho buscado ser uma pessoa melhor diante das dificuldades que me são impostas. Dizem que há momentos da vida que nos definem, mas

acredito que só nós podemos nos definir, porque estamos mudando a todo o tempo, com escolhas e caminhos que surgem o tempo todo e podemos fazer escolhas diferentes a cada situação. Não podemos nos prender a quem nós fomos, a quem as pessoas acreditam que ainda sejamos, a como nos veem ou as ações que já praticamos. Quem eu sou agora, o que eu sinto agora, o que eu quero agora e onde eu estou agora é que realmente importa.

Cresci sem meus avôs, perdi minhas avós e meus pais iniciando a vida adulta e quando julgo mais ter precisado deles, ainda sinto a dor todos os dias, convivo com os transtornos que a perda deles ainda me causam e com um luto que tenta me manter no chão mas, tenho vencido algumas batalhas contra ele. Um dia de cada vez.

Me reencontrei no mundo canábico, na MTC (Medicina Tradicional Chinesa) e na antiga medicina indiana ayurvédica. Foi onde conheci profissionais que admiro, que acompanho, que me ensinam e que foram capazes de me ajudar e me diagnosticar. O prognóstico nunca mencionado antes, sequer questionado e, que hoje faz todo sentido na minha vida.

Não vou escrever sobre autoajuda para você, mas é um autorrelato para me lembrar do que passei, do que vivenciei, do que senti, de como tudo me afetou, de como reagi e de tudo o que eu aprendi até aqui. É uma autoajuda sim, mas para você minha querida, Holly. Sei que há dias que são difíceis me ajudar. Meu consciente tem informações que meu inconsciente permite que cheguem até aqui, que vem à tona quando ele julga que seja necessário, assim como, ele oculta meus traumas para que eu não me lembre vividamente. Temos 7 corpos sutis que mesmo conectados, não se comunicam diretamente e não estão em equilíbrio a todo tempo. Aqui, mantenho relatos sobre tudo o que passei, mostro o meu ponto de vista de atriz principal da minha própria dramaturgia. Não vou escrever sobre como lidar com as situações que eu ainda estou aprendendo a lidar, não vou falar frases profundas sobre como a vida continua e ela é linda porque ela não é, e estamos aqui de passagem e por obrigação -minha opinião. Você, Holly, é a minha versão da Kitty em que a Anne Frank escrevia. Você sabe mais sobre mim do que eu mesma, mas não pode me ajudar sempre. Você escolheu vir nesta vida para aprender, evoluir e ultrapassar os obstáculos, e eu vivo p*ta com você por isso.

Mas vou te falar sobre tudo o que passei, e como estou aprendendo a me reconectar com a minha essência independente de todos os prognósticos que eu tenha. Tudo que tenho aprendido com as minha diversas leituras e como tenho aplicado elas para ressignificar meus traumas e me transformar em uma melhor versão de mim mesma.

Respira, inspira, expira e deixe a m*rda toda ir embora. Vamos apreciar a vista dessa vida e evoluir o máximo possível, porque a única coisa que vale sua saúde mental, é você mesma!

Prepare sua flor verdinha, talvez um lenço e, tenha uma boa leitura, prometo não escrever um litro de lágrimas.

Sumário

Parte 1 - O que ficou do que passou
As histórias
As memórias
As perdas

Parte 2 - O que eu aprendi quando não me ouvi

Parte 3 – O que eu aprendi com o que eu não aprendi
A busca por mais
O conhecimento
A espiritualidade

Parte 4 – Compulsões, hábitos e manias

Parte 5 - TEA
A suspeita
A espera
A resposta

Parte 6 – Budh
Validação
Confirmação
Continuação

INTRODUÇÃO

O recomeço é sempre a parte mais difícil, mas não podemos pular essa etapa. Na dúvida entre nomes fictícios e próprios, entre enfeitar estórias e contar detalhes somente reais, sabemos que a imaginação de uma TDAH pode voar longe, mas a de uma autista pode não funcionar se não for concreto. Sou ambos, de momentos, de dias, de sentimentos, de sensações, de personalidades, de diferentes estilos musicais e emoções. Com pensamentos sempre discrepantes, pulando de um extremo para o outro e do yin para o yang, vou tentar as 72 possibilidades entre 8 e 80 para explicar minha história até aqui, da melhor forma para você. E talvez, você me ajude também.

Como é ter uma infância de críticas, introspectiva, apegada à família e a coisas palpáveis, e anos depois, encontrar o sentido para tudo isso? O TEA era a peça que faltava na minha história, é o que deu sentido a quem eu sou e a tudo o que eu passei.

Como o luto ainda tem afetado minha vida, rotina, rendimento e qualidade de vida. Porque tem afetado tudo. Quando comecei a aprender a elaborar o luto da minha mãe -finalmente anos depois- vieram mais dois lutos. Quando tive forças e ajuda para escalar, eu caí em queda livre e fui parar no fim do poço novamente.

"Tudo coopera para o bem", costumam dizer, porque não estão no meu lugar, nem você está aqui quando eu quero, Holly. Quando preciso lembrar de algo, sentir algo, pensar em algo, a nossa conexão não tem sido boa. Te chamo de Holly porque é a minha personagem favorita. E porque "holy", significa sagrada. O que eu sou para você e o que você escolheu ser para mim.

Sempre vivi em um mundo paralelo, alternativo, silencioso, confortável, que me proporcionava acolhimento. Mas sempre mantive a cabeça no chão, mesmo quando tinha boas condições financeiras ou mesmo que os pés saíssem um pouco do chão. A nossa realidade mudou da noite para o dia, me vi órfã como se eu fosse aquela casa muito engraçada sabe? Perdi o teto, alicerce e o chão. O que eu era então? Nada?

Me sinto desconfortável com a profissão em que me formei, mas encontrei motivação na cannabis, meu mundo ficou verde, me ajudou a dormir melhor, diminuiu consideravelmente as dores na coluna (hérnia de disco lombar que causa dor no ciático e na perna e, hérnia de disco cervical que causa dor no temporal e no braço) e me acalmou. A cannabis, as terapias integrativas da MTC e da ayurveda não só me ajudaram fisicamente e emocionalmente, como têm sido minhas escolhas diárias para estudar, aprender e praticar. Espero que possam entender como eu entendo, e se sentirem ajudados como eu tenho me sentido por essas terapias. E se não, apenas por favor, respeitem.

Essa vida parece tão longa às vezes, vamos vaporizar uma flor para acalmar o coração e a mente. Se as coisas não estão no lugar, que ao menos nós consigamos estar.

PARTE 1
O QUE FICOU DO QUE PASSOU

As histórias

Essa história é sobre uma jovem idosa de classe média que nasceu e cresceu em uma nano-cidade com cerca de 5.000 habitantes. Cercada pela família, filha única e muito esperada, neta mais nova e a criança "mais boazinha que eles haviam conhecido."
Com uma vida confortável, pais presentes e amorosos, cresci vendo-os trabalhando, se doando, ajudando e cuidando, exclusivamente de mim, mas não só de mim e; proporcionando -quase- tudo o que pedia. Sempre considerada tímida, mimada, antissocial, carinhosa e introspectiva, não vejo esses adjetivos como algo ruim, pelo contrário. Hoje eles fazem total sentido para mim, e a maneira como fui criada me permitiu retribuir todo o amor que recebi de volta aos meus pais enquanto pude. Isso é um privilégio, saber que fiz por eles tudo que pude fazer e estar ao lado deles o tempo todo.
Me recordo dos desencontros com meu pai devido aos meus horários de estudo e aos dele de trabalho, sempre senti falta dele mas sentia medo também. Não por ele ser bravo, o que ele também era, mas por falar alto. Sempre senti algo que não conseguia descrever quando alguém falava alto, mas o problema sempre era eu – devia existir bullying naquela época.
Eles se divorciaram e reataram uma ou duas vezes, mas só me

lembro porque me contaram. *Não sei como isso me afetou, não sei como muita coisa me afetou.*
Aquariana com ascendente em peixes e lua em virgem, não sei o que significa mas talvez você goste dessa informação adicional. Não me importo em compartilhar informações sobre mim ou sobre minhas condições, desde que isso possa te acrescentar algo ou te fazer ver o mundo de uma forma diferente do que via antes.
Porque eu sempre vi o mundo de uma forma diferente, sempre acreditei que vivia em um mundo paralelo ou pelo menos, queria permanecer nele, mesmo que não entendessem – e mesmo sabendo que ainda não entendem.
A criança que eu fui, gostava de brincar sozinha, se sentia bem sozinha, vivia grudada com a mãe e quando saía, sempre queria ir para casa. Se tornou a adolescente que mudou de escola, não gostava de sair, continuava com dificuldade em fazer amigos e puxar assunto, mas mantinha bem conversas e tinha bastante colegas. Mudou de escola novamente, e continuou com dificuldades de adaptação, mas, sempre conseguia uma pessoa para ser seu apoio, mesmo sem saber que era isso que significava.
Não participei das minhas formaturas, exceto a da faculdade em que realmente tive que ir, mas fui embora antes dos meus próprios convidados -para dormir. Não vejo sentido em comemorar com tanta gente por algo que foi totalmente mérito meu, do meu esforço, dos meus atestados, dos meus remédios, da minha saúde mental, de tentar ultrapassar os obstáculos sociais que me eram impostos, de ter que conviver diariamente com pessoas que eram totalmente diferentes de mim e ter que lidar com essas diferenças. Mas, sou grata a quem permanece até hoje e quem me acolhe e entende como sou.

As memórias

Para quem não acredita em terapias integrativas, recomendo fazer mesmo assim, porque eu comecei sem acreditar mesmo. E acabei me encontrando. Foi somente após a barra de access que eu tenho conseguido me lembrar de muita coisa. Vamos falar um pouco sobre as frases e críticas que eu sempre ouvi durante a infância e adolescência.

Sobre meu relacionamento com a minha mãe:
"Você vive na barra da saia da sua mãe", "acho que o médico não cortou o cordão umbilical até hoje", "quando se casar, vai levar sua mãe junto?", "deixa a sua mãe conversar em paz, se não quer sair, fica em casa", "você não faz nada sem a sua mãe?", "aposto que dorme com a sua mãe até hoje e ela nem pode namorar mais", "nossa, essa menina é um chiclete com a mãe", "como que vai crescer assim?", "essa menina parece um bicho do mato", dentre tantas outras.

Sobre minha alimentação:
"Você não pode comer só o que quer, tem que aprender", "não pode jogar fora o que não gosta, que falta de educação", "você nem colocou na boca, só pegou na comida e já disse que não gosta", "como diz que não gosta se nunca experimentou?", "a semana inteira comendo a mesma coisa e não enjoa?", "tem que deixar ficar com fome e comer o que tem", "não pode fazer só o que ela quer, não é saudável só comer isso", "não pode sair de casa se não come nada" dentre tantas outras.

Sobre minha personalidade:
"Você não pode falar sem pensar", "não é certo falar o que pensa quando quer", "não é porque é verdade, que a pessoa precisa ouvir", "você parece ter o coração de pedra", "como pode ser tão carinhosa com os pais e ser assim?", "que menina grossa, tá precisando de correção", "você nunca apanhou, deve ser por isso", "às vezes parece que falta noção", "é tão inteligente mas tem preguiça", "acorda, menina! Parece que vive em outro planeta", "não presta atenção, a não ser que seja do interesse dela", dentre tantas outras.

Sobre meu comportamento:
"Você não conversa, um bicho mordeu sua língua?", "seus pais são tão simpáticos e gostam de todo mundo, como você é assim?", "parece que não gosta de gente, só quer ficar sozinha", "não chama nenhum amigo para vir em casa, não pode viver sozinha", "como nunca ficou de castigo? Ninguém se comporta tão bem assim", "o que adianta ser boazinha se não abre a boca pra nada?", "você só

estuda o que gosta e o que já tá cansada de saber", "por que não vai ler sobre o que tem dificuldade para aprender?", "quando crescer não vai ter sua mãe pra te justificar", "quando vai andar com suas próprias pernas?", dentre tantas outras.

Saber que eu estou no espectro, agora, e lendo essas críticas. Faz sentido, né? Para mim, faz.

As perdas

Minha mãe
Não sei como chamar ela de ser humano, ela era além disso. Alegre, sempre disposta a ajudar -mesmo quando eu julgava que não mereciam- a todos, sempre disposta a comemorar as vitórias, aniversários e conquistas -mesmo que não dessem valor- de todos, sempre se doando, carinhosa, gentil, tagarela; amava sair, celebrar, passear, comprar, visitar dos parentes mais próximos até os distantes. Eu dizia que às vezes ela tinha alergia de casa, e eu sentia falta dela mesmo que fossem algumas horas. Ao mesmo tempo em que ela estava aqui, ela já estava em outra cidade ou estado ajudando alguém que precisava ou visitando alguém de quem sentia falta. Ela era a mais animada, agitada, inquieta, bondosa, caridosa e todos as qualidades que você possa imaginar. Nossa, quanta saudade...
Ouvíamos de Bee Gees a louvores, e eu adorava cantar I don't want to miss a thing para ela, porque é uma música linda e ela pedia para eu parar, dizendo: "você é linda meu amor, mas não precisa cantar, parece que está com dor de barriga no banheiro." Mas não dá para cantar Aerosmith normal, ou Bon Jovi. *Eu amo o sorriso dela, era a MINHA IMAGEM PREFERIDA*. Só tenho fotos dela sorrindo, mesmo no hospital. A voz dela era meu barulho preferido.

Há alguns anos -não lembro exatamente quando- minha mãe foi diagnosticada com câncer de mama. Ela, eu e meu pai estávamos juntos quando o médico nos contou. Ainda sinto o piso gelado debaixo dos meus pés, o ar frio daquele ambiente que deveria ser caloroso e, me lembro da salinha. Foi naquele momento em que eu

senti o "bloqueio" pela primeira vez e me fiz de forte. "Sou nova, não entendo o suficiente mas sei que ela ficará bem."
Eu realmente não me lembro muito desse período, meu subconsciente tende a "ocultar" meus traumas de mim. Ela fez quimio e radio semanalmente, às vezes eu ficava com ela ou entrava escondido para vê-la -até me expulsarem e ela rir, porque ela sabia que eu entraria para vê-la. Nos mudamos de cidade para ficarmos mais perto do hospital e para que eu pudesse estudar melhor. Minha vó materna, ainda a acompanhava.
Até que a perdemos devido à um câncer de medula no final de 2015. UAU. Ela cuidava da minha mãe com câncer, e de sua descoberta até seu falecimento, o tempo voou. Ela faleceu antes da minha mãe. Ela era a vida da minha mãe. Então fomos fortes juntas, eu engoli toda a dor -mais uma vez- para ser forte com ela e por ela.
No meu primeiro ano de faculdade, quando completaria dois anos de sua cirurgia e seria possível a reconstrução mamária, ela foi diagnosticada com recidiva do câncer na outra mama. Eu estava sempre presente no hospital, sempre engolindo a dor e sendo forte por ela, porque ela sempre foi forte, otimista e tinha uma fé tão inabalável que até eu tinha fé na fé dela, se é que isso possa fazer sentido. Ela era minha melhor amiga, sabia tudo sobre mim, o que eu fazia, aonde ia, com quem estava, e me respondia o dia todo.
No dia 15 de dezembro de 2016 fui fazer uma das provas que havia perdido porque estava com ela na internação, e 30 minutos antes dela falecer estávamos no telefone com ela me falando para ser mais vaidosa: *"passe um batonzinho na boca, você vive apagada, arruma o cabelo para poder jogar ele de lado, e se concentra na prova. Até daqui a pouco, te amo."*
Essas foram as últimas palavras do meu amorzinho. Fui fazer a prova em que eu precisava de 1 ou 2 pontos animada, porque a veria logo. E porque ela conhecia meu professor do hospital, era o professor e a matéria que eu mais admirava. Microbiologia, acreditem.
Tudo certo, até que no meio do caminho de 40km uma notificação de post do facebook me mostrou que ela havia falecido. Sim, uma

absurda falta de respeito com ela e comigo.
Eu a vi ser forte por todos nós, eu a vi unir a família, tornar meu pai mais presente e caseiro, minhas tias mais carinhosas e preocupadas. *Eu a vi tornar todo mundo ao redor pessoas melhores*, mesmo antes de adoecer. MAS, O BRILHO DELA NUNCA FOI DESSE MUNDO.
E eu estava em choque, aliviada por não ter que vê-la mais no oxigênio buscando por ar, sem fôlego. Aliviada por não ter que vê-la pedindo doses de resgate porque a dor não passava. Aliviada por não a ver triste por ter perdido sua autonomia. Ela sempre dizia para mim algo assim: *faça pelos outros porque é a pior coisa do mundo quando é você quem precisa deles*.
Eu perdi o maior amor da minha vida, quem me guiava, me protegia, quem me ensinou e me corrigiu em tudo. *Quem me defendeu de todos*. Caramba! Não tem como explicar essa dor.
Eu perdi a fé que eu tinha quando ela se foi, porque a fé foi junto. Todos diziam que ela seria curada, prometiam e juravam curas, mas ninguém me disse que a cura não era nesse mundo.
Ninguém te prepara para perder metade de você, quem fez tudo por você. A dor não tem descrição, nem tamanho, nem imagem. É IMENSURÁVEL.

Meu pai
Sempre que chegava em casa estava cansado ou continuaria trabalhando. Conversávamos tão pouco quanto nos víamos até minha mãe falecer. Sabe aquela história de que seu pai é o seu herói? Não tão tarde, mas foi quem ele passou a ser. Ele passava mais tempo em casa, mesmo sendo pouco ainda, trabalhava o final de semana todo no computador da sala, não tinha como conversar, mas, era acolhedor saber que ele estava ali. Ele escolhia meus esmaltes, minhas roupas, meu cabelo, mesmo que sem saber diferenciar a cor ou o tamanho, ou entender por que ele tinha que me ajudar com isso. *Mas ele ajudava e eu sorria.*
A faculdade foi ficando mais complicada, minhas interações eram com o álcool, 5 a 7 vezes na semana, 3x por dia, até porque me ajudava a dormir. E quando eram aulas teóricas e eu não estava a

fim ou não gostava, tomava com um geladinho de VODKA às 8h de café da manhã. Não, eu não vivia bêbada, vivia simpática, com bochechas vermelhas e conseguia interagir mais com as pessoas e, esquecer um pouco a dor da perda da minha mãe. Quando tinha muito horário livre, eu ficava na biblioteca estudando, procurava matérias ou saía com uma amiga, seja para ir à farmácia ou sorveteria. Eu só não queria pensar em mim. Até ir desenvolvendo úlceras recorrentes a cada 6 meses. Lombalgia que não podia ser tratada de via oral, então além de endoscopia, eu fazia infiltração na coluna com certa frequência. Visitava o pronto atendimento do hospital com frequência também, bêbada? Não. Mas com uma dor absurda no estômago devido ao álcool, então me forcei a parar.
Tive abstinência, não foram dias bonitos. Não imaginei que chegaria a tanto. Meu corpo não estava bem, eu não estava bem. *Mas, meu pai estava sempre ao meu lado mesmo quando estava bravo.* Ele foi minha primeira cobaia quando aprendi a cozinhar. Minha mãe e minha avó não tinham paciência para ensinar porque faziam do jeito delas, várias coisas ao mesmo tempo e no tempo delas, então, tive que aprender sozinha. Trocava o sal pelo Ajinomoto com frequência, ou esquecia de temperar, ou esquecia o alho... Não gosto de comida com gosto de tempero, não tempero saladas, tenho pavor do calor do fogão, então tinha que me acostumar e, ir aprendendo aos poucos até tomar gosto.

Vó
Minha avó amava meu arroz, e eu amava o dela. Quando eu estava triste ou doente, ou ela estava em uma destas situações, íamos gastar para ficarmos melhores -recomendo terapia-, e ela se responsabilizava pelos gastos para que meu pai não ficasse bravo comigo. Ela era como criança, comprava o que queria e já queria ir embora, era engraçado. A gente se estressava às vezes mas sempre acabava em risada. "Essa enjoeirinha" era a frase que ela mais me falava. Ela conversava comigo tanto quanto minha mãe, desde o bom dia até o boa noite e ligações de vídeo para me ajudar a cozinhar ou me ver no banheiro quando era o único tempo que eu tinha. *Ela foi minha maior incentivadora* antes e depois de formar,

foi ela quem mais ficou feliz com a realização, mais do que eu, inclusive.

Meu coração se preenche toda vez que recordo dos três e do relacionamento dela com a minha mãe, era coisa de outra vida, eram como mãe e filha também, admirável.

Meu amorzinho, a última vez em que ouvi a sua voz estávamos no hospital e eu disse que ficaria tudo bem. A última vez em que ela ouviu a minha voz, estava entubada em uma UTI sem roupa, frágil e ligada à tantos fios. Me ouviu e ouviu suas bisnetas, por áudio. Eu disse que ficaria bem, mas não era bem nessa terra e eu já sabia quando a vi daquele jeito, era o que ela queria e eu só queria o bem para ela, já estava preparada. *E estar preparada não quer dizer que doa menos, porque não doeu menos, pelo contrário, doeu mais* ainda não poder dar um último beijo, tocar sua mão ou apertar a gordurinha do seu braço. Doeu saber que não faria arroz para mim e não me criticaria mais quando escolhesse o que comer. Doeu quando lembrei que não sairíamos mais grudadinhas, nem ficaríamos de conchinha. Ainda dói.

Entre essas perdas, vivi engolindo a dor para ser forte por alguém. UMA PIADA.

Cerca de uma semana após minha avó ter o diagnóstico certo -após o pneumologista ter errado e ela desmaiar em casa precisando de ambulância- e ser internada, meu pai foi diagnosticado com covid. Era ele quem a acompanhara nas consultas, então, era esperado mesmo que não desejado. Ele continuou bem em casa, trabalhando e avisando a todos de sua situação, estava ao meu lado. Até sua saturação cair bruscamente e ele ser internado já com o cateter de oxigênio. E na mesma noite foi para UTI, "era preventivo" me disseram. Nem me avisaram. O hospital só dava notícia uma vez ao dia no horário específico, então o que ocorrera nas 23h anteriores não era avisado aos familiares. Algum tempo depois, não me lembro exatamente quando, ele precisou ser intubado. Ver ele e minha avó na mesma uti, com os mesmos fios e a traqueostomia, *era dilacerador.* Eles se amavam demais, eram grudados demais, era dilacerador *porque eu sabia que mesmo eles não se vendo, eles podiam sentir.*

Pai
Eu senti todas as vezes em que mexiam nele, quando ele foi internado sem me avisar, quando ele foi intubado sem me avisar e quando eu o perdi. Eu senti, eu avisei, mas não tive retorno. Acompanhei todos os dados, números, exames e prognósticos deles. Ele fez diálises e estava diminuindo a sequência e a necessidade, os pulmões e rins estavam normalizando e melhorando. Eu rezava o dia todo, todos os dias com as minhas tias. A minha fé voltou naqueles dias, mas da mesma forma que ela voltou, ela me foi tirada.
Eles estavam em um bom lugar, com a maioria dos profissionais capacitados para cuidar deles. Eu estava confiante na minha fé, e na fé da minha madrinha. Então eu o vi sem os tubos, ainda tossindo e com dor, mas sentado e levemente sedado. *Eu disse que o amava e com toda a força que havia nos pulmões dele entre a falta do ar e a tosse, ele respondeu: te amo.*
Quase inaudível, foi dito mais com os olhos do que com a boca. Estávamos juntos.

O sonho
Em uma missa, o padre falou sobre rosas e, em uma certa noite tive um sonho vívido que me assustou muito. Alguém me tratava como se eu fosse "sua pequena" e me dizia que eu precisava entender que quando uma flor fosse colhida, ela não deixaria a outra. Uma precisava ir com a outra e eu precisava entender isso. *Não consigo descrever a sensação, eu acordei e depois daquela noite até hoje, tenho medo de dormir -não, não foi um pesadelo, era lindo, acolhedor, colorido, mas vívido demais- e tenho insônia.* Que sonho doido, que sensação doida, que lugar doido, nunca vi um jardim assim. Um jardim.
Contei para minha madrinha e ela disse algo assim: "Ju, meus avós eram espíritas e sua descrição bateria com um sonho espiritual, talvez seja um preparo para o seu coração entender que seu pai precisa ir também." E eu pensei: ela está louca. Ela é a pessoa que mais ouço, peço conselhos, a única que respondo todos os dias, e ela enlouqueceu.

Continuei dormindo mal, até me sentir muito mal em um dia de visita no hospital e não quis vê-lo da janela. Falei: vou me cuidar porque amanhã ele vai para o quarto e preciso estar bem. Naquela tarde fiz terapia, conversei com um padre, me acalmei e me preparei para continuar calma, serena e feliz no dia seguinte para passar os próximos dias no quarto com meu pai. Então, no seguinte acordei feliz, arrumei meu cabelo, visitei um amigo nosso para contar que ele iria para o quarto e quando cheguei em casa, minha tia colocou comprimidos de Rivotril na minha boca e disse para eu me acalmar. "P*TA M*RDA, NÃO É POSSÍVEL. ELA TÁ DOIDA", pensei. Então fomos ao hospital porque eu sabia que ele estava bem e iria para o quarto, podiam ter errado a notícia né? Isso pode acontecer.
ELE ESTAVA BEM, NÃO FOI UMA MELHORA DO NADA, FOI GRADUAL. ELE ESTAVA SENTADO, DISSE QUE ME AMAVA. MELHOROU AOS POUCOS, FOI UM DIA DE CADA VEZ ATÉ CHEGAR NAQUELE DIA. ISSO É LOUCURA. POR QUE ME TIRARIAM TODO MUNDO? CARAMBA. ISSO É LOUCURA. Só as pessoas boas morrem?
ISSO ERA INSANO, LOUCO. NÃO ERA POSSÍVEL. EU TAVA P*TA. NÃO ACREDITAVA.
E as pessoas mais próximas que iam me visitar, levavam remédios, então, foram dias chapada de tarja preta, de 5 a 10 comprimidos por dia, até pegarem ou eu perder escondendo e esquecendo onde escondia -minha cara isso né?
Esse é o pensamento que me vêm a mente até hoje: P*TA M*RDA. Não tem outra frase que descreva minha indignação. *Aquele sonho que me tirou o sono até hoje foi só um sonho, mas estava certo.* Toda dor que eu sentia, eu sabia que era ele sentindo. Meu pai se foi mesmo, e me deixou com uma carga emocional e de responsabilidades sobre coisas dele que eu não consigo lidar. Ele sempre resolveu tudo para mim e por mim, não sei fazer nada burocrático, tenho pavor de ir ao banco porque sempre tem pessoas -óbvio. Não gosto de pessoas, lugares com pessoas, resolver coisas que não entendo. Não sei lidar com frustração e me

frustro por isso, o que me impede de sair do lugar.
Mesmo que a saudade passe, eu ainda fico p*ta por continuar aparecendo bombas de presente que explodem no meu colo.
C*RALHO, morrer já não foi o suficiente? Me deixar sozinha nesse mundo que só piora a cada dia, onde descubro que as pessoas são todas loucas e doentes? Eles estão bem, sem boletos para pagar, sem preocupações para tirar o sono, sem barulhos de automóveis, eles estão juntos e em paz. Seja qual for a realidade do pós vida, tenho certeza de que é melhor do que a realidade desta vida.
Desculpe, meu amorzinho. Precisava escrever tudo que senti, não podia escrever só coisas lindas. Eu sou grata por ter vivido essa vida com você, com vocês, e pela Holly ter escolhido vir como filha de vocês. *Vocês são mais do que saudade, amor e exemplos, são parte de mim.*

Alerta - energia pesada, desabafo sobre esse mundo
É uma terra para quem pratica os pecados capitais, gananciosos que só pensam em si mesmos e em dinheiro. Passam por cima de quem for, como for só para ter mais e no final, voltar ao pó e sem levar nada. Não se preocupam com as pessoas, nem com os animais, nem com a natureza. Não têm respeito pelo outro, pela vida ou por si mesmos. Uns vendem o corpo e outros a alma; pregam o ódio e a violência, ah, e a injustiça – porque a justiça nunca é feita, não como deve ser. Às vezes começo a escrever e parece uma música do Racionais, MANO BROWN, TUDO FAZ SENTIDO AGORA.
Não há respeito, amor, empatia, sororidade, igualdade, caridade ou alegria. Só robôs tentando ser melhores do que os outros, terem mais do que os outros, passarem por cima dos outros, conquistarem o que for dos outros e para quê?
Quem ainda tem fé e bondade, tem mais obstáculos do que os que não tem. Quem tem pouco, tem cada vez menos. É difícil se alimentar, trabalhar, dormir, continuar -é difícil existir, sabe?
A mulher luta há anos pelos seus direitos, mas só é diminuída, criticada, assediada e violentada. Bebês, crianças, adolescentes, jovens, mulheres, idosas, filhotes de animais, animais... Esses

homens são doentes, essa sociedade é doente, esse mundo é doente.

Como se não bastasse as limitações que impomos a nós mesmas, que a genética nos impõe, temos que ter coragem para pegar um ônibus, um táxi, uma carona com conhecidos, para sair na rua sozinha, sair a noite, dormir sozinha, ficar sozinha com um amigo da família no mesmo cômodo, se permitir ser sedada em um hospital, anestesiada... Você tem noção que para coisas tão simples, uma mulher precisa de CORAGEM? P*TA MERDA.

Eu parei meus cursos quando começaram presencial, pelas limitações que eu tinha, principalmente, as limitações sensoriais. Agora eu sei que muitas destas dificuldades não são eu ou a Holly que nos impomos, é característico de quem eu sou, do TEA. O pavor, o medo, a agonia, a aflição de uma cidade grande, de tanta gente e de ser mulher, sozinha. Eu não posso estudar em outra cidade porque além das interações sociais serem necessárias, eu tenho MEDO, de andar de ônibus, de andar entre pessoas na rodoviária, de pegar um táxi, de ir a eventos sozinha. EU TENHO MEDO DE VIVER A MINHA VIDA PORQUE SOU MULHER EM UMA SOCIEDADE MACHISTA, PRECONCEITUOSA, SEXISTA, ABUSIVA, CRUEL, EXPLORADORA, PSICÓTICA E DOENTE. Não posso andar armada porque até dentro da minha casa se eu me defender, eu sou errada e acusada. A lei faz sentido para você?

Está cada vez mais claro porque Deus criou o homem primeiro. Porque ele viu que foi um erro, e da costela dele, fez a mulher. Para amenizar ou tentar consertar o erro que foi a criação do homem. - Apesar de EU acreditar que Ele criou Lilith, mas ela não aceitou ser submissa, fugiu do paraíso e então a história continuou. FAZ SENTIDO PARA MIM. Só respeite.

E como se não bastasse eu ser mulher, jovem, órfã, vivendo com meus transtornos, eu tenho TEA, o que para mim foi incrível descobrir. MAS A SOCIEDADE É PRECONCEITUOSA. Eu sou uma MULHER AUTISTA sem os pais para serem seus defensores. *E vão me desvalorizar e me desacreditar porque pareço normal na concepção deles.* Maconha é moda. Autismo é moda. Burnout é moda. Tudo vai ter uma explicação simples, monótona e errada como essa para

quem tem a mente limitada pelos seus próprios pré-conceitos arcaicos.
Holly, você tem noção do lugar onde você nos colocou? Tudo isso aqui vale a pena para evoluir? Você sabe dos traumas que nós passamos, assédio, abuso, barulhos e vozes altas o tempo todo, bullying quando nem existia, críticas, dores sem nomes, noites que não temos dormido, sentimentos reprimidos, vozes caladas, *tudo que guardamos e que você oculta da minha consciência porque sabe que são coisas demais para eu conseguir lidar.*
Eu ando tão cansada de tudo, mas espero fazer essa vida ainda valer a pena por você e espero que no fim, ela valha a pena para mim. Dias melhores já será o suficiente.

PARTE 2
O QUE EU APRENDI QUANDO NÃO ME OUVI

Os ciclos, altos e baixos

Ser uma criança entre adultos, que não gosta de sair e "não gosta de pessoas", já te faz ser um pouco madura, porque você observa mais, então aprende mais. Agora, perder toda sua base, sustento e apoio, te obriga a ser madura e encarar a vida adulta. Mas foi uma obrigação a qual meu corpo teve rejeição, e ainda vem tendo. A cada dor de cabeça que aparece envolvendo meus pais, papéis e coisas burocráticas, meu corpo reage em crises de pânico, em alergias, em dor, em somatização generalizada. Não sei se esse termo existe, mas vejo assim.

Após a perda da minha mãe, eu precisei diminuir o espaço de tempo entre o acompanhamento que eu fazia no hospital de câncer para acompanhar possíveis nódulos. De 1 ano, reduzimos para a cada 3 meses devido à presença de nódulos que alteravam seu grau. Quando minha mãe estava viva, eu tinha nódulos entre grau 1 e 2 que apareciam e sumiam, e após sua morte, se tornaram 2, 3 e talvez 4? E eu precisava fazer biópsias, o que para alguém que perdeu a mãe em decorrência de câncer e é absurdamente ansiosa, isso era uma morte lenta e programada. Foi quando desenvolvi cancerofobia, acreditem, tem um CID para isso. Então, decidimos fazer uma cirurgia absurdamente invasiva e preventiva para reduzir o risco da chance de ter câncer de mama. Retirei as duas mamas e fiz a reconstrução anatômica. Meu pai me acompanhou durante todo o processo, ficou no hospital comigo e me apoiou. Apesar do pós-operatório ter sido horrível, com dor até para respirar, drenos e sem dormir, com 3 meses de repouso e limitação de movimentos; eu não mudaria essa decisão.

Menos de um ano depois, sofri com cólicas que não entendia, eram repentinas e agudas, a ponto de causar sudorese e palidez, e nem conseguir pedir ajuda -após a perda do meu pai, entre o aniversário da minha mãe e o dele. Descobri um cisto hemorrágico ovariano que estava com o dobro do tamanho do útero e se estourasse dentro de mim, seria uma situação mais dolorosa ainda.

Até lidar com a situação de agenda, liberação de plano, cirurgia e hospital, foi uma angústia sem fim, mas ele estourou quando eu estava sendo aberta. Foi uma cesariana emergencial que não conseguiu salvar meu ovário, mas isso é o de menos.

Os seios e os ovários são órgãos reprodutores femininos que representam o lado da mulher, o lado materno. *Vocês conseguem ver como corpo é capaz de falar?* E me mostrar que ainda estava lidando com a dor de perder a minha mãe quando houve mais duas perdas. *Toda dor estava ali, acumulada, reprimida e implodiu porque eu não soube e não tive tempo de elaborar.*

E como eu havia dito antes sobre a dor absurda da coluna, tenho lordose, lombalgia e hérnia cervical e lombar. Sim, com menos de 30 anos e sem trabalho pesado. Me disseram que a coluna representa o sustento, talvez o pilar, sabe o que o pai e a família representam para nós? Olha só, meu corpo já me avisava há algum tempo. Isso é um transtorno que eu tenho também, somatização. Quando a boca não fala do que o coração está cheio, quando ignoro o que sinto achando que isso não vai me afetar, mas isso simplesmente explode em mim.

Eu não esperava relembrar de vidas passadas, ou que você viesse à tona, mas, POXA HOLLY, podia dar uma mãozinha, uma luz, um desenho, um som, uma seta mostrando o caminho.

Sete corpos sutis para equilibrar, e toda vez que começo a cuidar de um, o outro desalinha, mas não vou reclamar porque já sei que não adianta. É como tentar equilibrar vários objetos, sabe aqueles rapazes no semáforo equilibrando objetos? Imagine que os objetos são nossos 7 corpos sutis, físico, etérico, astral, mental inferior, mental superior, búdico e atma. Quando tentamos equilibrar todos, às vezes um ou outro "caem", e paramos para pegar e recomeçar o ciclo. Nesse momento, o que corpo que "desalinhou" afeta aos outros também. É assim.

Espero que tenha entendido, preciso de formas lúdicas e associações para me lembrar das coisas que estudo e aprendo. *E espero também que trabalhemos em via de mão dupla daqui para frente, com você me fornecendo informações que preciso elaborar para seguirmos em frente e comigo, me esforçando para aprender, evoluir e te acolher.*

PARTE 3
O QUE EU ENTENDI BUSCANDO O QUE AINDA NÃO SEI

Atenção - gatilho religioso, favor não ler se o seu pensamento for arcaico, limitado e preconceituoso, não tenho culpa de você ser assim e você não vai gostar das minhas indagações. MAS VOCÊ TEM QUE RESPEITÁ-LAS.

A busca por mais

Essa parte vai ser legal para você que é muito religioso. Eu fui batizada na igreja católica, cresci frequentando a igreja em alguns domingos, fiz a catequese e parei aí porque minha agenda escolar atrapalhava. Quando minha mãe descobriu sua doença, ela encontrou a igreja evangélica e pessoas que se tornaram família, nos apoiaram, oravam e a incentivavam. Foi quando tive experiências incríveis de fé e comunhão com Deus. Foi quando eu decidi me batizar nas águas junto com ela. Foi lindo porque foi com ela.

Depois que ela faleceu, eu perdi toda a fé, me revoltei porque praticava tudo que me era ensinado, porque ela era a pessoa mais bondosa, crente e correta, e Ele a tinha levado. Eu não entendia. Me mantive afastada de 2016 a 2019. Nesse período fazia células de orações e leituras algumas vezes entre amigas, e uma vez na semana, ouvíamos a palavra e cantávamos uma canção antes de começar a clínica da faculdade, era fortalecedor.

Em 2019 voltei a frequentar e assistir algumas missas, mas eram algumas mesmo, não vou mentir. Eu gostava, mas não me esforçava porque sempre me sentia cansada. Até minha vó e meu pai adoecerem, e a fé que eu tinha voltou, fazíamos terços, orações, assistíamos de 1 a 3 missas diárias e homilias. Era fortalecedor até eu perdê-lo e me revoltar novamente.

Foi quando, após aquele sonho, eu comecei a ler sobre o espiritismo. Quando me apresentaram médiuns (chamada de telefone devido à pandemia) para me explicarem o que poderia ser, mas não foi nada profundo e nem animador.

Comecei a ler Violetas na Janela, porque lembro que minha mãe e minha avó tinham esse livro. Foi incrível, foi lindo. Comecei a assistir aos filmes disponíveis nas plataformas digitais e a ler o Evangelho no Lar. CARAMBA! Pegaram toda raiva que eu sentia, amassaram como um papel e jogaram fora, foi quase um alívio.

Na minha cabeça: COMO PESSOAS TÃO BONDOSAS, QUE PRATICAM O BEM, ADOECEM, SOFREM E SIMPLISMENTE MORREM? Enquanto inúmeras pessoas ruins continuam por aqui propagando o mal, adoecem e ficam bem para continuarem isso? SÉRIO QUE A VIDA É ISSO? ELES VIERAM PARA TRABALHAR ATÉ ADOECEREM, SOFRER E MORRER PARA DESCANSAR NA PAZ, NO CÉU, NOS BRAÇOS DO PAI? ESSA É A EXPLICAÇÃO que eu acreditei durante dos anos? "NÃO TEM SENTIDO NENHUM PARA MIM."

Por que a gente viria para essa vida passar por obstáculos, desafios, dores, doenças, crises, sofrimentos etc., para crescermos? Sério que a gente vem aqui para sofrer e morre para crescer e dormir para sempre? Eu respeito quem acredita nisso, porque eu fui criada para acreditar e falava amém sem sequer questionar ou pensar.

"Eu tenho que ser boa para ir pro céu" ou do contrário, vou para o inferno por não obedecer, um lugar quente e ruim onde fica um anjo que caiu do céu por se comportar mau. GENTE???

O conhecimento

Holly, você tem um conhecimento que a consciência e o corpo físico não me permitem ter aqui. Você sabe a verdade, como e de onde viemos e o motivo de estarmos aqui, mas eu não sei e você não pode me dizer, tudo bem. Porque hoje eu sei que tudo o que aconteceu, todos os amorzinhos que partiram, foi para que eu questionasse e entendesse o que eu entendo hoje. Independente da dor e dos transtornos que eu carrego. Eu acredito que exista vida após a morte. Aquele sonho não foi um desejo, um pensamento recente, foi um aviso. As dores que eu sentia quando algo acontecia a ele não foram por acaso. *E hoje eu sou grata por ter encontrado a espiritualidade, por ter questionado e ter tido a oportunidade de aprender sobre o espiritismo. Ele me salvou tantas vezes, eu não estaria aqui se não fosse por ele,* por tudo o que eu acredito que aconteça, por tudo que pude aprender e responder às minhas perguntas.

Acreditar que existe o umbral para àqueles que não fazem escolhas boas, que praticam o mal ou que tiram a vida de alguém ou a sua própria, realmente me impactou.

Saber que nós (você, no caso) escolhemos vir para aprimorar os conhecimentos da alma, praticar a bondade e impedir aqueles que praticam o mal, adquirir sabedoria e experiências que contribuam para lidar/melhorar as escolhas da próxima vida, assim como, diminuir provas, expiações, obstáculos etc. ISSO AQUI TEM SENTIDO PARA MIM. ISSO É TER UM MOTIVO PARA PASSAR POR TUDO QUE PASSAMOS.

Não vou passar por tudo que eu estou passando e dormir para sempre. Enquanto plasmavam violetas na janela, vou plasmar cannabis no meu jardim, bambu japonês, orquídeas, cogumelos, rosas do deserto, violetas e girassóis. Por que limitar meu pensamento?

Sou tão grata por saber disso agora, por não viver frustrada, vazia e com o caminho no escuro.

Allan Kardec, você me salvou.

Não posso deixar de mencionar meus pequenos peludos né? Que são literalmente anjos na minha vida, continuam aqui enquanto preciso, me tiram da cama, me enchem de amor, motivação, endorfina, anandamida, serotonina, ocitocina etc. Que propósito lindo eles têm aqui na terra! Só não entendo por que tantos sofrem, principalmente nas mãos das pessoas, isso me deixa R*VOLTADA. São os seres mais inocentes e puros do mundo, por que o Universo ou Deus permitem que isso aconteça? Espero conseguir essa resposta um dia, bem que você podia me dar uma colinha né? *Meu HD interno é limitado mas cabe aqui, não conto para ninguém, prometo, Holly.*

A espiritualidade

Espiritualidade não é espiritismo, não confundam. Tenho praticado ioga há alguns anos, e há poucos meses introduzi mantras para aliviar a energia interna e do ambiente em que vivo. Respeito e admiro a família Ganesha, Shiva e Parvati, ainda não conheci os deuses e suas histórias, mas uma hora eu chego lá.
Tenho lido sobre os ensinamentos de Buda, Sidarta Gautama pela visão de Osho e, já li sobre sentir raiva mas não gostei muito, apesar de concordar. A história dele tem me ensinado tanto. Como ele abriu mão de ser um rei, de um palácio, de riquezas, de sua esposa, filho recém-nascido e família, para viver mais de uma década em busca do seu eu, da sua paz interior, da sua iluminação. Fico tão feliz por ele ter voltado e tido a oportunidade de levar a sua família junto aos seus ensinamentos. *Poucos chegaram ao nirvana, poucos se esforçaram e entregaram seu coração como ele o fez e é incrível ter a oportunidade de ser sobre o que ele aprendeu.*
Quando me perguntavam sobre religião, eu respondia "sou cristã" e logo mudava de assunto. Hoje, se me perguntarem, eu posso dizer que sou espiritualista. Não sou católica, mas rezo para São Francisco de Assis proteger meus filhotes e respeito todos os santos. Não sou evangélica, mas tem louvores que acalmam meu coração, continuo ouvindo e os respeito. Talvez eu seja mais espírita, porque acredito nos ensinamentos kardecistas, e é onde me identifico. Não sou hinduísta, mas proclamo mantras, cumprimento e respeito os lordes e deuses. Não sou budista, mas

hoje eu sei que eu sou o centro da minha própria religião, *porque sou eu que estou aqui vivenciando tudo, sou eu que estou comigo quando passo pelos obstáculos, provas e expiações; sou eu que me cuido, me encorajo e me forço a levantar todos os dias; sou eu quem me esforço para abdicar do mundo material, silenciar o mundo externo e me conectar a você, Holly.* Sou eu quem quero atingir o nirvana e talvez, chegar à iluminação, ao *budh*. Preciso acreditar em algo, certo? *Então, eu escolho acreditar em você Holly, escolho acreditar em mim mesma. Em nós.* Mesmo que eu ainda não tenha ideia do nosso potencial.

Essa parte é uma loucura, eu sei. Imagina associar, pensar, acreditar e conversar sobre tudo isso dentro da minha mente? Já achei que eu fosse louca. Hoje sei que sou. Louca por conhecimento, por autoconhecimento e por evoluir.

PARTE 4
COMPULSÕES, HÁBITOS E MANIAS

Compulsões
Antigamente separava minhas roupas pelo tamanho das mangas, depois por categoria, e até 1 ano atrás separava por cor. Quando estou ansiosa, com os pensamentos desenfreados, eu ORGANIZO meus armários e os da casa. Se estiver limpo, eu limpo de novo e guardo. Ou tiro tudo, só para poder arrumar e me acalmar um pouco. Sei que tenho tentado arrumar do lado de fora a bagunça que parece sem resolução aqui dentro.
Quando vou/ia à casa das minhas amigas, sempre perguntava se tinha algo para organizar. Uma vez organizei o guarda-roupa de uma amiga com meio consentimento dela, porque realmente precisava demais.
Ainda organizo minhas roupas, mas não por cor e sim, por utilidade.
Depois do desencarne da minha mãe, adquiri TOC POR LIMPEZA, não sei se é assim que se descreve. Se tornou um ritual limpar a casa de 2 a 3x ao dia. Ao menos quando acordava e antes de dormir passava pano com querosene e depois pano com desinfetante. E quando tinha visitas do meu pai, eu estava atrás com o rodo pronto já. Tenho pavor de andarem com calçados em casa. Estou me acostumando agora a andar de chinelos onde moro porque não tem como lavar o pé toda hora e todos andam com calçados. Ainda gosto de passar pano aqui.

Com esse toc e o início das clínicas da faculdade (2016/17), adquiri hérnia de disco lombar e tive lombalgia por esforço repetitivo -um jeito de dizer que a doida carregava balde com água o dia todo- então, foi quando comecei a medicação e a tentar me controlar.
Tinha compulsão por *óculos* quando era adolescente, seja de sol ou de grau, tinha vários óculos de marca. Hoje aprendi a controlar e a comprar na China.
Ainda tenho compulsão por ESMALTES, sempre faço "um limpa", mas também renovo o estoque. Quando eu não estiver bem, você vai ver minha unha com esmalte saindo ou sem ele, cutículas aparecendo e eu não me importando. Mas, geralmente faço a unha 2x na semana (antigamente era 4, melhorei muito já). Tento me cuidar mais ainda quando estou triste, ou em momentos que nem eu sei como estou, mas antes triste porém arrumada. Escovo o cabelo, faço as unhas, passo cremes, mesmo que seja deitada e brava com você, Holly.

Manias
DIRIGIR COM A PERNA ESQUERDA DOBRADA, tiro quando tomo consciência -eu juro, não me prenda- mas, involuntariamente isso ocorre com frequência. É uma sequência que nem percebo, coloco o cinto e a perna se dobra sozinha. TENHO PAVOR DE QUEM NÃO UTILIZA CINTO E DEIXA AQUELE BARULHO APITANDO, mesmo se for para tirar o carro da garagem, por favor coloque, isso incomoda.
Antigamente meus banhos eram frios para me acordarem, seja qual fosse a hora do dia mas, hoje são mornos para que eu possa relaxar. Sempre acendo um INCENSO no final do dia, seja de Budha, palo santo, alecrim, lavanda ou dragon blood (esses são os meus preferidos).
Um amigo me falou certa vez para tomar banho com a luz apagada e apreciar as sensações, gostei muito e adquiri aos meus banhos noturnos, com o incenso e um MANTRA tocando ao fundo. Ah, MUDO O CABELO de acordo com meu humor, minha mãe também era sim e me tornei pior. Já fui loira, quase loira, com mechas, luzes, ombré, chocolate, dourado, loiro claro, castanho claro,

castanho escuro, careca, short hair, long bob etc.
Hoje fiz uma nova tatuagem e escureci meu cabelo. Eu mudo de acordo com as mudanças que me ocorrem como uma maneira de achar que algo mudará dentro de mim, também.
Assim como, faço TATUAGENS de coisas (desenhos, geralmente frases) que eu *preciso me lembrar*, não quero me esquecer do aprendizado ou do momento que me lembra. Há anos tento parar, mas não consigo. São todas pequenas, lindas e importantes para mim. Geralmente não gosto de tatuagem nas pessoas, mas sou apaixonada pelas minhas e pela história delas.

Mesmo quando devo evitar gastar, mesmo conscientemente, não consigo ficar sem comprar livros, cursos online de práticas alternativas ou assuntos que me interessem aprender; esmaltes em tons de preto, azul, verde e nude.
LIVROS, CURSOS, ESMALTES E CRISTAIS. ME PERDOE, HOLLY. ESTOU ME ESFORÇANDO DIARIAMENTE.
E me justifico como, quem precisa do livro físico para grifar, entender, explicar e emprestar. Como quem precisa de cursos livres para ocupar essa cabeça consciente e ficar feliz aprendendo, principalmente quando posso aplicar em mim mesma e melhorar minha qualidade de vida. Seja tentando mindfulness, alimentação ayurvédica, shiatsu, reiki, auriculoterapia, ventosaterapia, moxabustão etc.
Como quem precisa esmaltar as unhas cerca de 3x na semana de acordo com o humor, também.
Como quem precisa de cristais para cuidar deles, limpá-los, energizá-los e os manterem organizados, com a sensação de quem também estarei organizada internamente.
Eu sei, não deveria, mas muitas das vezes fala BEM MAIS ALTO DO QUE EU. Estamos aprendendo juntas, estou aprendendo, vamos conseguir melhorar.

Hábitos
Tenho gostos peculiares, talvez você me entenda.
Não tenho feito pesquisas sobre como os autistas são, do que gostam, o que os acalma etc. Mesmo que seja bom eu saber. Sabe

quando dizem que se você ler a bula, pode começar a desenvolver os sintomas, mesmo que seja de forma psicológica? Então.
Não sei se é uma característica do espectro mas, sempre gostei de misturar alimentos doce e salgado. Quando era pequena, vivia de miojo com requeijão e não comia outra coisa se não fosse isso - paladar seletivo-, depois de um tempo, lembro de viver de nuggets. Também me lembro de gostar de salgadinhos (aqueles que não são saudáveis, cheios de sódio que vem em saquinhos) com chocolate. Nunca liguei muito para chocolate, não gosto de Nutella e nem de brigadeiro. Mas gostava assim.
Pão de queijo com sorvete (sim, coloco o sorvete dentro), salgadinho com chocolate derretido, biscoito de polvilho com doce de leite cremoso, pão de queijo com mamão, peito de peru com banana, pão de forma com sucrilhos, batata chips com banana...
Ah, e o meu preferido, BATATA FRITA COM MILKSHAKE DE MORANGO.

Alguns momentos como agora

É uma parte escrita em diversas noites comuns. Na verdade, não sei o que é comum nem mesmo para mim.
Tenho me sentido vazia durante todo o tempo, cada dia mais sem paciência, TODOS os barulhos me irritam, TUDO o que faz barulho me irrita. Não sei como suportar esse barulho -de dentro e o de fora- que não passa.
Me recordei que, cheguei a fazer um curso de despertar espiritual, porque eu pensava que se eu conseguisse estudar, trabalhar e desenvolver minha mediunidade, eu não estaria sozinha, mesmo que não soubesse quem estaria comigo. OLHA QUE LOUCA.
VOCÊ TEM NOÇÃO DO QUANTO EU ME SINTO SOZINHA POR DENTRO, para pensar isso?
E olha que isso foi há alguns meses. Hoje, vendo a reação das pessoas quando fala levemente sobre o meu autismo, eu me sinto mais sozinha ainda, me dói por inteira -e mesmo que essa dor seja por inteira, nem ela é capaz de me preencher.
Continuo ouvindo meu eco, minhas vozes, você, Holly e minhas personalidades internas. Ouço minha intuição, ouço sons

distantes, sons que não reconheço às vezes, sons que não quero ouvir. Continuo querendo silêncio, mentalizando-o.
O tempo passa e as dores mudam, nem sei mesmo se é dor. Não dói pela perda dos meus pais, sinto falta deles mas não tenho pensado muito sobre isso. Ainda estou furiosa com as coisas que a legislação me obriga a resolver, coisas que não entendo, que não sei, que não fui eu quem fiz mas que fazem dizer respeito a mim. Burocracias injustas de um país que só retrocede em um mundo astral que só deve ser retrógado. Não sei se tem sentido.
Às vezes a dor consegue me preencher como um abraço apertado - de um velho amigo- que começa dentro de mim, que parece me esmagar e me deixar sem ar. Mas, na maioria dos dias e dos últimos dias só o vazio tem me preenchido, o eco oco dos meus pensamentos sem respostas. Um turbilhão de pensamentos que não param e não tenho conseguido organizar ou acompanhar. Sabe aquela aula complicada daquela matéria complicada que o professor fala do jeito mais difícil possível? Essa é minha mente consciente, Holly.
Não tenho dormido bem, acordo com frequência durante a noite, vejo meus filhos dormirem e acordarem com meus movimentos. Tomo água, vou ao banheiro, penso e me forço a dormir. Continuo acordando, inclusive logo antes do despertador: "ah, não tenho pacientes", me forço a dormir até meu corpo doer e pedir para eu me alongar.
Às vezes bolo uma flor para acalmar meus pensamentos, sento e trago no ritmo da minha respiração. Sinceramente, não sei o que é tragar e nunca fiquei chapada, assim como não fiz uso recreativos. Utilizo a vaporização ou "fumo um beck" quando estou em crise de pânico, de choro, de ansiedade ou, com crise de pensamentos acelerados que não param, quase me enlouquecem e não permitem que eu durma.
Utilização com consciência, prescrição médica e de conhecimento e consentimento de todos os profissionais que me acompanham. A cannabis tira a minha dor e acalma minha mente. Ela melhora a minha qualidade de vida e me permite "viver." Mas, tenho que confessar que há momentos em que queria ficar chapada -como

dizem- rir sem motivos, ver o mundo passando lentamente, a cama rodando e dormir gostoso. Profundamente.
Me forço a dormir porque a realidade não é tão melhor que o sono. Mas eu me contradigo quando digo que é pecado pensar isso, já que eu tenho uma casa, filhos, comida, conforto, saúde etc. Mas eu quero dormir para que eu tenha que vivenciar menos tempo do meu dia, e se eu puder dormir a tarde, o farei também. Quando chego ao REM, meus sonhos são vívidos, turbulentos com tantos participantes que não fazem parte dos meus pensamentos conscientes ou mesmo do meu cotidiano -quase ninguém tem feito parte do meu cotidiano- então, não entendo.
Até ano atrás, eu dormia bem, não podia "encostar" que eu dormia, a qualquer hora um sono profundo e restaurador. Há um ano que eu tenho insônia, medo do que vou sonhar, sonhos agitados que me fazem acordar cansada. Desperto "cheia" dos sonhos que me agitaram mas não me recordo bem, e ao mesmo tempo vazia, vazia porque parece que nada fica. Nada fica na memória, nos pensamentos ou no coração. Nada estável, nada permanente, nada concreto, nada que me firme ao chão.
Preciso de uma rotina que seja agitada, programada, realizada, em que eu possa me ocupar, trabalhar, me esforçar e mostrar a mim mesma do que sou capaz. Crescer como profissional além da tela do computador. Preciso ajudar as pessoas a se sentirem melhores, isso faz com que eu me sinta realizada ao voltar do atendimento. Chegar cansada e cuidar dos meus filhos, ter a comida na mesa e pessoas para ignorar ou conversar, dependendo do meu humor. E enquanto não está na hora, eu me frustro tentando não idealizar porque não deu certo ainda, porque não estou trabalhando ainda, porque não estou bem ainda.
Porque eu não tenho a resposta destes porquês ou o controle da minha vida. Isso me frustra e não me permitiram lidar com frustrações, então, eu me frustro por estar frustrada e é um ciclo de angústia e sentimentos que me implodem e não controlo. Mas a flor ajuda no controle.

Alguns momentos como O agora

Preciso de mais momentos para me arriscar, para sair, para interagir, para conhecer, para vivenciar, para guardar comigo, para abraçar, para criar memórias e saudades.
Preciso de mais pessoas que sejam meus gatilhos, aqueles escolhidos por você, Holly, para que quando tentem me abraçar, eu caia no choro ou tente fugir e não consiga. Aqueles amigos que você escolheu para quando eu estiver muito distante de nós ou do caminho da vida, ele venha a me tocar, seja com a mão, um cumprimento ou um abraço, e eu caia em mim.
Preciso me permitir, me permitir sentir todo esse luto, essa cruz e essa dor que carrego. Me permitir continuar vivendo, buscando alegria e conquistas. Me permitir ser a melhor mãe, mais cautelosa, mimada e esforçada com os cachorros. Me permitir ser a profissional que descansa entre um curso e outro e assiste séries inteiras, e não a que hoje tem vivido entre cursos e montagens profissionais no canva.
Preciso me permitir encarar o passado, as memórias e ressignificar cada uma delas, cada trauma e cada dor. Me permitir seguir em frente com o coração recarregado de amor, de amor-próprio que vai me conduzir, me intuir, me guiar, me proteger, me cuidar, me esforçar, me levantar, me ensinar e nos unir cada vez mais.

PARTE 5 - TEA

A suspeita

Há algum tempo tenho tentado me silenciar internamente, e nestas tentativas -quase sempre- falhas, minhas vozes internas falavam cada vez mais alto. Eu conversava comigo mesma dentro da minha mente, e ao declarar algo, eu também pensava no que estava errado em relação ao que eu tinha dito e, logo me corrigia. Eu pensava nos motivos de ir, mas também, nos motivos de ficar. Estava sempre aos extremos: "é psicossomático, é psicológico, é ilusão, são muitas informações na minha mente" ou "eu tenho transtorno bipolar ou eu tenho esquizofrenia, essas vozes na minha cabeça não podem ser todas eu mesma e eu ser -normal- ainda assim."
Você consegue entender? É complicado minha querida, Holly. Sempre falavam: "ouça sua intuição" e eu logo respondia que ela não conversava comigo. E quando eu perdi a todos, eu me vi sozinha e meu inconsciente começou a me fazer companhia. Você começou a me fazer companhia, Holly. E meu psiquiatra disse na última consulta que pesquisaria por outros transtornos, veria se algo se adequaria a mim.
Mas tenho obsessão por ler, e lendo sobre cannabis, pesquisando a personagem "Luna Lovegood", o algoritmo resolveu me mostrar pesquisas relacionando cannabis a autismo, e eu resolvi pesquisar mais. Até encontrar pesquisas recentes sobre o diagnóstico tardio de TEA em mulheres adultas e como somos capazes de camuflar.
Deixe-me só explicar sobre a Luna, pois, já devo ter comentado que Harry Potter me acalmava durante momentos de ansiedade

e crises de pânico quando estava sozinha. A Luna é a minha personagem favorita porque ela não tenta ser ninguém, seguir ninguém... ela aparece quando precisam, ela é bondosa, inteligente, meiga, encantadoramente diferente. Ela está bem sozinha e está bem com os amigos. Ela luta pelo que acredita e vê as coisas avessas do lado certo, o lado ruim sempre com algo positivo. Ela é diferentemente extraordinária e única. Entende?

Me aprofundei pesquisando características de autismo nível 1 de suporte, apresentei o meu caso para alguns colegas médicos sem falar que era eu, mantendo a ética profissional que teria caso fosse necessário tirar dúvida sobre o caso de um paciente.

Todos momentaneamente concordaram que poderia ser e indicaram neuropsicólogas e psiquiatras que atuam ou são especialistas na área. E foi assim, que conhecida a querida Elaine, minha psicóloga, a quem admiro, me sinto estranhamente confortável para contar tudo, desde meus sentimentos mais sombrios até os reconfortantes.

A espera

Não bastava somente o acompanhamento psicológico -que eu havia parado há algum tempo por questões financeiras- mas, precisava de uma equipe multidisciplinar. Então me foram indicadas uma neuropsicóloga, Matilde e uma terapeuta ocupacional, Thais.

O primeiro diagnóstico após algumas consultas veio de Matilde, eu já não aguentava mais esperar as semanas passarem e a ansiedade de saber o resultado.

Havia pesquisado outros profissionais mas, o tempo era sempre o mesmo, não poderia passar de uma sessão por semana e precisava realizar os testes. Matilde me acolheu e me senti bem.

Foi quando me recordei que a vida é feita de momentos, bons e ruins. Mesmo que eu ache na maioria do tempo que a vida não é tão legal e colorida. São apenas momentos. E quando ela disse: você está no espectro com nível 1 de suporte, CARAMBA! QUE MOMENTO FELIZ!

Assim como eu descobri sobre a INTEGRAÇÃO SENSORIAL e como a terapia ocupacional pode ajudar. E Holly, eu sempre leio sobre psicologia, amo livros sobre psicologia, mas nunca havia me deparado com esse termo, NUNCA HAVIAM ME FALADO SOBRE ISSO, E COMO PODE? Eu me reconheci ouvindo a explicação.
Momentos bons que eu sei que para alguns pais são momentos difíceis e que esperam não ter que lidar. Mesmo que o meu caso, seja considerado "leve", o fardo que eu tenho carregado pesa muito sobre mim e eu tenho que carregar sozinha.
A espera foi torturante, as semanas mal passavam, eu só queria dormir para que os dias passassem mais rápido. AH, TENHO PAVOR DE CALOR, que mês de julho quente neste interior de São Paulo. O calor não me deixa bem. Até o clima não colaborou. POXA!

A resposta

Eu acabei descrevendo o resultado na página anterior, mas... eu quero dizer aqui, que não importa a resposta. Saber que eu estou no espectro não muda quem eu sou para você, mas confirma quem eu sou para mim. Me sinto incrível e quero gritar aos quatro ventos que sou autista e tenho TANTO orgulho de saber isso.
Eu sinto muito pela dor de quem descobre esse resultado, independente do nível de suporte, da classe social, do entendimento que tenha sobre o assunto. Eu sinto muito por quem não consegue entender, ou não quer, ou só é ignorante mesmo e não aceita como nós somos. Eu sinto muito por todos que estão no espectro e se sentem sozinhos, isolados, ameaçados, ignorados, rejeitados e maltratados pelos demais.
Querer estar sozinho, precisar se isolar é muito diferente de ser forçado a isso. Nós somos pessoas incríveis, vemos o mundo de um jeito muito melhor do que ele é. E EU SINTO MUITO PORQUE NÓS SENTIMOS MUITO. SENTIMOS TUDO.
A resposta é importante para que possamos nos conhecer, para que a família possa nos acolher e sei que isso não acontece como em um faz de conta, porque mesmo o meu nível sendo leve e minha família tendo um bom grau de instrução, eles não me

acolheram.

E EU SINTO MUITO POR QUEM TEM QUE PASSAR POR ISSO E SENTIR ESSA DOR SOZINHA, OU PELOS FAMILIARES QUE TAMBÉM TÊM QUE SENTIR. POR QUEM TEM QUE REPRIMIR O QUE SENTE E O QUE PENSA PARA SE ENCAIXAR EM UMA SOCIEDADE MACHISTA, CAPITALISTA, HIPÓCRITA, PRECONCEITUOSA, EGOÍSTA, RACISTA, IGNORANTE QUE REPREENDE, JULGA, CRITICA, "CANCELA", ATACA, AMEAÇA E MATA PESSOAS. E ISSO TUDO, SÓ PORQUE PENSAMOS, ACREDITAMOS OU AGIMOS DE FORMA DIFERENTE DO PADRÃO QUE ELAS MESMAS CRIARAM.

Espero que a resposta, o laudo, o prognóstico, o diagnóstico, o resultado -como queira chamar- ou o que for que você esteja esperando, espero que saiba, que isso não define sua vida. Define um momento e você escolhe como reage, como acolhe e aceita. Se for dolorido, não empurra para baixo do tapete não, limpa tudo. Chora, faz exames, pesquisa, se distraia, saia, faça o que precisa e o que gosta também. Cuide de você, por você e para você.

Se for positivo e isso te fizer sentir que faz parte de você, então que seja. Ressignifique.

PARTE 6 – BUDH

Validação

No dicionário, validação é o ato ou efeito de validar; de tornar ou declarar algo válido; atribuir valor a si próprio.
Nós buscamos validação, reconhecimento, consideração e retribuição mesmo quando não pensamos nisso ou quando cremos que não esperamos. Somos humanos, é normal esperar reciprocidade, seja no que for, do outro. É certo reconhecer esse sentimento e nos responsabilizarmos pela expectativa que colocamos no outro, porque ela vem de nós mesmos.
Mas não é sobre expectativas, sobre consideração ou retribuição. É sobre respeito que eu quero falar.
Há alguns dias tenho falado em voz alta -não diretamente ainda- sobre meu diagnóstico de TEA. Fiquei tão feliz que já uso uma pulseira com pingente de quebra-cabeças, já comprei t-shirt sobre a consciência, o funcionamento do cérebro autista e até escrito que "eu sou." Já devem ter entendido o recado, não é mesmo? NÃO. Estou respirando profundamente enquanto escrevo essa parte, para que eu me acalme e faça bom e correto uso das palavras, para que melhor possam me entender.

Está tudo bem, se meus parentes são ignorantes, eu estou trazendo o conhecimento e a informação necessária e diária para que eles entendam como é reconhecer uma adulta com diagnóstico tardio de TEA. MAS ELES NÃO ACREDITAM. ELES ZOMBAM, BRINCAM, E ACHAM QUE ESTÁ TUDO BEM. PORR*, NÃO ESTÁ TUDO BEM.
Eu perdi mais ainda meu sono quando pesquisava sobre Transtorno Bipolar e Esquizofrenia, afinal, quem eu era? O que eu tinha? E então, foram me aparecendo profissionais, artigos,

informações e indicações sobre o diagnóstico de TEA tardio em mulheres adultas. E naquele momento, meu coração se encheu de esperança.

Fiquei absurdamente feliz quando tive o diagnóstico. Estava sendo acompanhada por psicóloga, neuropsicóloga e terapeuta ocupacional. Pessoas incríveis que conheci e que me deram a melhor notícia dos últimos anos: eu sou autista. EU SOU AUTISTA, queria ter gritado para que todos pudessem ouvir.

Mas por que eu achei que eles entenderiam? Concordariam? Ficariam felizes pelo meu mísero momento de alegria? Por que eu achei que eles respeitariam? NÃO SEI, MAS A EXPECTATIVA FOI TODA MINHA EM ESPERAR RECIPROCIDADE E RESPEITO.

E NÃO, NÃO TÁ TUDO BEM. No hospital, duvidam quando eu digo que sou autista. Nem todos falam, mas fica quase escrito da testa. Uma enfermeira, um médico, e outra vez, mais profissionais que duvidaram e duvidarão de mim. Eles não deveriam saber reconhecer? TUDO BEM, não é a área específica deles. MAS DEVERIAM RESPEITAR.

Em casa, até de quem eu esperava compreensão, eu tive a zombação. Pode não ter sido a intenção, mas doeu. Foi então, quando eu percebi que não seria fácil, que seria dolorido também. Mais um diagnóstico que doeria em mim, apesar deste me trazer tanta alegria.

Eu tento desviar do meu pensamento no dia a dia quando vem o questionamento: como nunca cogitaram que eu estivesse no espectro? Sempre falavam que eu tinha diagnósticos demais para minha idade, e depois se confundiam ao dizer que era compreensível de acordo com tudo o que eu vivi. Por que nunca pensaram em reduzir ou associar ao TEA? Se até eu pensei.

É INCRÍVEL A SENSAÇÃO DE ENTENDER QUASE TUDO QUE EU FIZ, MINHAS AÇÕES, MINHAS REAÇÕES, MEU ISOLAMENTO, MINHAS RESPOSTAS, MINHAS COMPULSÕES, MEUS BLOQUEIOS, MEUS MEDOS, MINHAS VONTADES, MEU EU, SABE?

É INCRÍVEL. Eu não preciso culpar meu signo, "nossa, sou aquariana, é normal ser fria" ou culpar meu gênio, "ah, eu tenho gênio forte mas estou frágil."

Holly, esse diagnóstico nos traz mais perto do nosso propósito e da busca pela iluminação. Ele me trouxe para mais perto de você, de nós mesmas. Eu te aceito, te entendo, te culpo, te perdoo, me desculpo, te amo, te desejo evolução e quero evoluir com você. Não só estamos juntas, como somos uma só. Por favor seja forte aqui dentro, porque eu preciso de você.

O autismo vai estar cada dia mais presente nas minhas pesquisas, nas minhas leituras, na minha vestimenta, nos meus acessórios, nas minhas redes sociais, na minha vida. Porque ele é quem eu sou, eu faço parte de um espectro que vê o mundo de um jeito diferente, que responde a ele de forma diferente, que o influencia e vive de forma diferente.

Lembrei que minha mãe dizia sempre que eu era "do contra", pois, quando queriam algo, eu queria o oposto. Quando escolhiam fazer algo, eu escolhia fazer o oposto. Era engraçado. Até isso faz sentido agora, sabe? Tantas pecinhas da minha memória, de quem eu sou, têm sido preenchidas ultimamente e eu sou absurdamente grata.

Queria te dizer que eu não quero validação, mas vou aprender ainda a não esperar isso dos outros, mesmo que estes sejam importantes para mim. Ninguém me fez sentir tão bem, quanto este diagnóstico fez. Ninguém me completa quanto este diagnóstico tem me completado. E NÃO, AINDA NÃO TÁ TUDO BEM. MAS VAI FICAR. VAI DOER QUANDO ZOMBAREM, BRINCAREM, ZOAREM, DEBOCHAREM, DESRESPEITAREM, COMENTAREM, CRITICAREM, OPINAREM, FALAREM, DESVALORIZAREM, DESACREDITAREM, QUESTIONAREM, DUVIDAREM... VAI DOER, MAS VAI PASSAR.

Todos eles podem me deixar passar por isso sozinha, meus parentes, meus amigos e até alguns profissionais de saúde. Porque eu sei que não estou sozinha, o mundo que eu vejo, do jeito que eu vejo, têm outros também e nós vamos colorir nossa vida com as mãos dadas.

Confirmação

O diagnóstico foi incrível porque me preencheu de uma forma que

não me sentia preenchida há tempos. Me relembrou o passado, a criança que fui, a criação que tive e justificou diversos momentos e meus comportamentos. "AGORA EU SEI."
Posso confirmar com autoridade quem sou, posso afirmar para mim diversas vezes o quanto eu tenho sido forte. O quanto eu tenho tentado, mesmo que eu não produza durante o dia, tentar levantar da cama, ainda é difícil. "EU SEI."
Eu perdoo quem me repreendeu, me criticou, zombou de mim quando pequena ou adolescente. Não sabiam que eu sou autista, e mesmo se soubessem, não se importariam em não o fazer. Mas os perdoo por me chamarem de lerda, tentarem me fazer sentir diminuída, diferente, excluída. Porque eu posso ver agora que era eu quem os afastava, os via como diferentes e os excluía do meu espaço e do meu tempo.
Eu perdoo quem me julgou, implicou comigo, tentou me atrapalhar durante a faculdade, porque foram anos que pareceram décadas, e as dificuldades pessoais eram somadas com a dor de cabeça causada por eles. Eu os perdoo porque eles não se sentiam importantes para cuidarem de suas próprias vidas, e perdiam tempo me incomodando. Porque eu posso ver agora, que essas implicâncias me levaram à terapia, a me dedicar mais aos estudos, a ser mais humana com meus pacientes e a não perder tempo desnecessário naquele ambiente. Porque eu posso ver que a maldade está em muita gente, em muitos lugares, mas se eu não a tenho em mim, eu posso reagir apenas ressignificando o mal que me fizeram em aprendizado.
Eu perdoo o meu passado, peço perdão a quem ofendi, julguei mal -provavelmente me interpretaram mal, porque é o meu jeitinho curta, direta, seca e grossa- e não necessariamente foi por mal. Peço perdão a quem de alguma forma posso ter causado mágoa. E eu me perdoo porque eu não tinha o conhecimento que tenho sobre mim e sobre a comunicação, que eu tenho hoje. Eu perdoo meu presente por muitas vezes não estar nele, estar procurando no passado momentos alegres para me apegar e esperar do futuro que possa reconstruir momentos alegres com pessoas novas. Me perdoo por não conseguir me concentrar no presente, e por me

esforçar diariamente para que isso aconteça.

Eu perdoo meus pais e minhas avós, porque sei que não me deixaram por escolha, sei que era a hora certa. Eu não teria crescido tanto, não teria compreendido e aprendido tanto se eles ainda estivessem aqui. Eu me perdoo por culpá-los pela dor de cabeça deixada por eles após seu desencarne. Me perdoo, por te culpar também, Holly. E te perdoo, por demorar tanto tempo para me ajudar a relembrar minha história e a me ajudar a encontrar quem sou.

Eu os perdoo e nos perdoo para que possamos seguir em frente com o coração em paz.

Ressignifico a minha história até aqui, de dor, luto, desequilíbrios, transtornos e enfermidades, que têm me feito crescer, *e buscar ser cada dia melhor para nos aproximarmos do nirvana.*

Continuação

Não é sobre continuar este livro, mesmo sendo sobre continuar a minha escrita. É sobre continuar a minha história e a minha vida. A me posicionar e me defender contra uma sociedade ignorante, por falta de informação ou, alienada por acreditarem em qualquer coisa que leem ou ouvem. É sobre lutar para defender quem eu sou, minhas opiniões, o que eu acredito, o que eu estudo e colocar em prática meus aprendizados. Para levar informação mesmo a quem não queira ver. A impor respeito mesmo para quem não saiba o que seja isso. A impor meus direitos como pessoa no espectro, com TDAH, depressão, TAG, pânico etc. É sobre ter acesso e direito à saúde e respeito por ser humana. É pedir aos seres humanos que tenham humanidade com seus semelhantes. OLHA QUE IRONIA.

É sobre continuar o quebra cabeça da vida, alguns deformarão, amassarão, rasgarão ou roubarão algumas peças, porque é isso o que têm dentro de si, falta de amor e valor próprio. Mas, vou continuar a buscar as peças que faltam para preencher quem eu sou, o que eu sou, meu propósito, minhas palavras e meu cuidado por mim mesma. *E quando precisar de mim, podemos trocar algumas peças e ver onde se encaixam.*

É sobre podermos falar o que sentimos, demonstrarmos, nos permitir ter uma crise em público, não tentar controlar, porque só piora. É sobre normalizar nossos transtornos, nossos dias ruins, quem somos e o que temos, não nos diminuirmos. Valorizarmos e expormos nós mesmas.

Hoje coloquei um solitário no meu dedo, porque eu preciso simbolizar e preciso que seja concreto. Esse anel representa meu compromisso com você, minha querida Holly; que tem me acompanhado e aberto portas e informações do meu Eu superior e de outros corpos sutis para que eu tenha me descoberto e redescoberto, para que chegássemos até aqui.

É sobre continuar a entender cada dia mais quem somos, o que sentimos, porque agimos ou reagimos de tal forma. O que nos acrescenta, o que nos limita, o que nos transcende.

É sobre continuar abrindo a mente para entender novos conceitos, para compreender todas as mudanças e nos adaptarmos como pudermos a elas. *É sobre abrir o coração para entender os sentimentos dos outros, mesmo que sejam absurdamente diferentes dos nossos. É sobre acolher nossas diferenças, nossas personalidades e nossos mundos paralelos.*

Agora sim, continuamos juntas, com todos a quem demos as mãos ou as têm nos estendido. Agora sim, **GRATIDÃO HOLLY.**

Made in the USA
Middletown, DE
04 December 2023